Profesor: Everardo Zapata Santillana

Galardonado con
las Palmas Magisteriales
en el grado de Amauta.

Coquito®

Clásico
Lectura inicial

Método Global de Palabras

Para aprender a leer, escribir y pensar con los Conjuntos Integrados.
Contiene todas las Áreas de Aprendizaje.

Ediciones Coquito

Argentina ● Brasil ● Bolivia ● Colombia ● Centroamérica ● Chile ● Ecuador
EEUU ● México ● Perú ● Paraguay ● Pto. Rico ● Rep. Dominicana ● Uruguay ● Venezuela.

PRESENTACIÓN

Coquito es un texto didáctico y científico a través del cual más de 36 millones de niños hispano-hablantes han aprendido a leer, escribir y pensar.

Coquito está concebido y estructurado en 54 lecciones rigurosamente graduadas, con las cuales se logra iniciar al niño en la lectoescritura, abriéndole un futuro de posibilidades intelectuales y emocionales que elevan su conocimiento y autoestima, brindando una gran satisfacción a maestros y padres de familia, cuando éstos comprueban que los alumnos aprenden a leer y escribir comprendiendo lo que se lee.

El Método Global de Palabras utilizado se sustenta en el universo vocabular de los niños y en la singular característica del castellano —en que se lee como se escribe— a diferencia de otras lenguas, cuya complejidad fonética es notable. Por ello, no es aconsejable, para la enseñanza de la lectura en nuestro idioma, adoptar métodos concebidos para otra realidad socio-cultural, como los anglo-franceses, que prolongan hasta en dos o más años el aprendizaje de la lectoescritura.

La permanente preocupación del autor, con su equipo de especialistas, es reestructurar y actualizar el libro, acorde a los avances y sugerencias de los educadores que utilizan Coquito con singulares logros, superando las expectativas de la mayoría de países hispano- hablantes, indicados en la portadilla.

Agradecemos al Magisterio la acogida que nos brinda, y podemos garantizarle, a nuestros maestros y padres de familia, que han elegido un método de calidad y excelencia comprobada, que desarrolla los procesos mentales, tomando en consideración las características lingüísticas del idioma castellano.

El Autor

© **Derechos de Autor:**
Everardo Zapata Santillana

Diseño Gráfico:
Carlos A. Guevara B.
Ilustraciones:
Jorge Alva Bejarano

Editado por:
Distribuidora Gráfica S.A.
Av. Brasil 2985 Magdalena del Mar
Lima - Perú   Telefax: 463 0334

Distribuido por:
Distribuidora Gráfica S.A.
Av. Brasil 2985 Magdalena del Mar
Lima - Perú   Telefax: 261 3958

Impreso por:
QUAD / GRAPHICS PERÚ S.A.
Av. Los Frutales 344 Lima 3 - Perú

ISBN: 978-612-4000-42-3

Año : **2012**
Nº de Edición : Cuarta
Tiraje : 80,000 ejemplares
Año 1era Edición: 2,008

Proyecto Editorial
Nº 11501201101932

Hecho el Depósito Legal en
La Biblioteca Nacional del Perú
Nº 2011-15057

Soy : _____

Estudio en : _____

foto

Me enseña : _____

Vivo en : _____

Mi correo electrónico : _____

Lectura de imágenes.

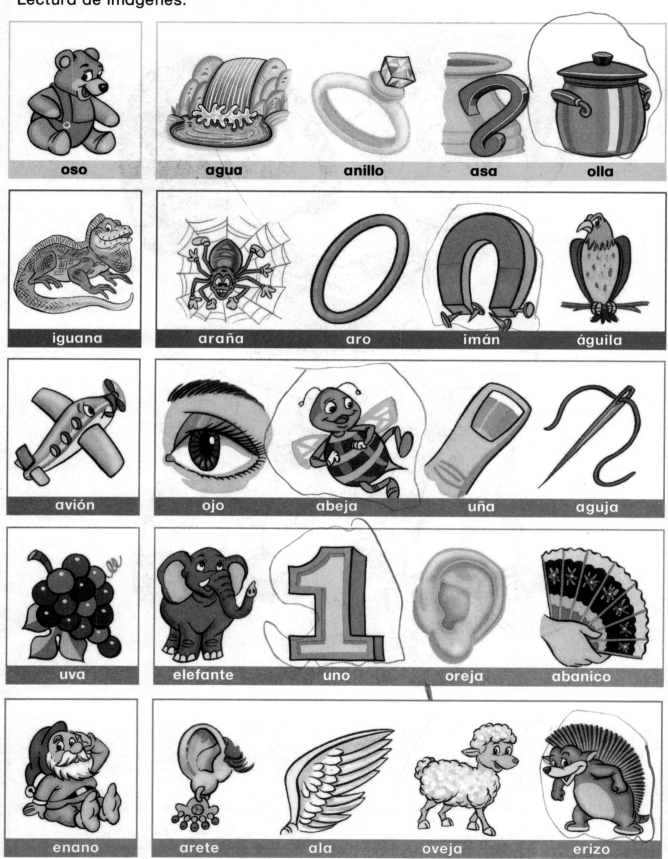

oso	**agua**	**anillo**	**asa**	**olla**
iguana	araña	aro	imán	águila
avión	ojo	abeja	uña	aguja
uva	elefante	uno	oreja	abanico
enano	arete	ala	oveja	erizo

- Lee las imágenes de izquierda a derecha.
- Reconoce el sonido inicial de cada palabra.
- Separa los sonidos de cada palabra con palmadas.

Mi oso.

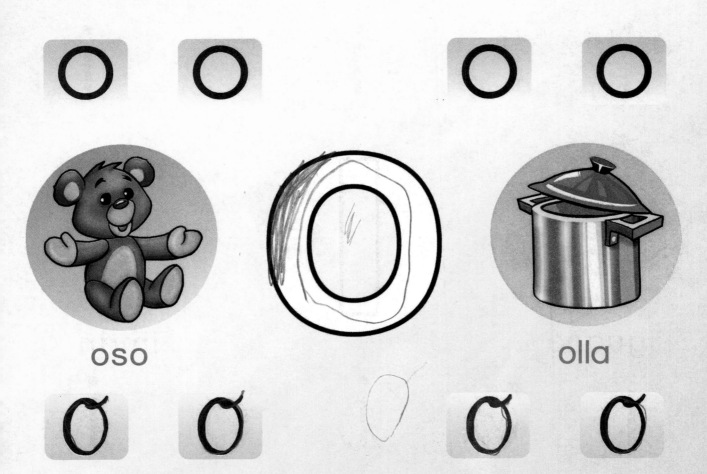

oso   olla

¡El arco iris tiene 7 colores!

i o i o i

iguana   I   imán

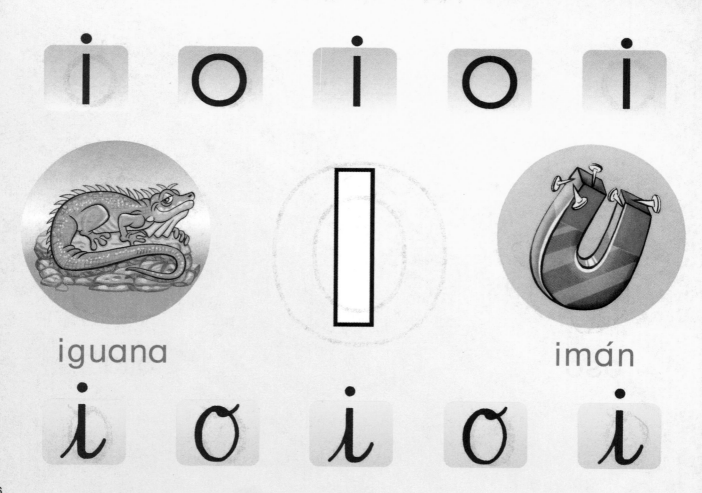

i o i o i

Mi avión vuela.

a i a i a

avión

A

ala

a i a i a

¡Qué rica uva!

u a u a u

uva

uña

u a u a u

¡Hola!, enano.

e u e u e

enano

E

elefante

𝓁 𝓊 𝓁 𝓊 𝓁

mamá

mamá

Mi mamá me ama.

Lectura: a) De imágenes.   b) De palabras-imagen.   c) De conjuntos integrados, evitando el silabeo.

mamá

mamá

mamá

Ema

amo

ama

mamá

mamá

mamá

Amo a mi mamá.

ASOCIACIÓN: Pinta del mismo color los silabemas iguales.

ma	me	mi	mo	mu
me	*mo*	*ma*	*mu*	*mi*

papá

papá

Mi papá me ama.

Lectura: a) De imágenes. b) De palabras-imagen. c) De conjuntos integrados, evitando el silabeo.

papá
papá
papá

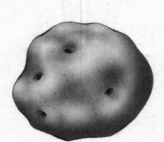

papa
pepa
pipa

papá
papá
papá

Papá upa a Pepe.

ASOCIACIÓN: Pinta del mismo color los silabemas iguales.

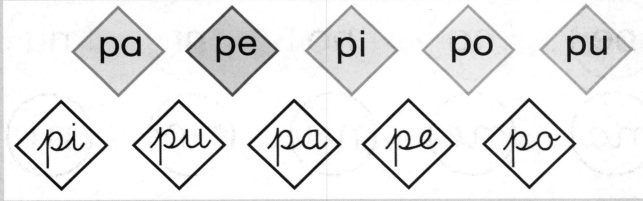

11

nene

nene

El nene juega.

Lectura: a) De imágenes. b) De palabras-imagen. c) De conjuntos integrados, evitando el silabeo.

nene
nena
nana

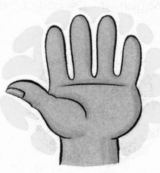

mano
mono
mina

maní
maná
menú

Noé mima a mi nena.

ASOCIACIÓN: Pinta del mismo color los silabemas iguales.

ne   na   no   ni   nu

na   *ne*   *nu*   *no*   *ni*

nene   mono   nena

1. Mamá ama a mi **nene**.

2. Pepe mima a mi **mono**.

3. Papá ama a mi **nena**.

— ★★★ —

Mi nena.

Mi nena me ama.

Amo a mi nena.

PERSONAL - SOCIAL : El nene juega.

Conversa sobre los juguetes del nene y nombra el juguete de tu preferencia.

sapo

sapo

Miremos al sapo.

Lectura: a) De imágenes. b) De palabras-imagen. c) De conjuntos integrados, evitando el silabeo.

sopa
sapo
sopa

mesa
masa
misa

pesa
paso
piso

oso
osa
asa

Susi asea mi mesa.

ASOCIACIÓN: Pinta del mismo color los silabemas iguales.

 sa   so   si su se

sa *se* *so* *si* *su*

masa   sopa   piso

1. Susana pesa su **masa**.

2. Papá me pasó su **sopa**.

3. Pina asea su **piso**.

★★★

Papá pasea
y se pasea
paso a paso.

PERSONAL-SOCIAL: Hábitos de higiene.

Observa las viñetas y describe las acciones de los niños. Imítalas en el rincón del aseo.

luna

luna

La Luna **sale de noche.**

lana	loma	pala	sala
luna	lomo	pelo	solo
lona	lima	pila	silo

Lino usa la pala.

ASOCIACIÓN: Pinta del mismo color los silabemas iguales.

lu	la	li	lo	le
la	*le*	*lo*	*lu*	*li*

16

lima   paloma   lupa

1. Paola pela una **lima**.

2. La **paloma** pasó la loma.

3. Pamela usa la **lupa**.

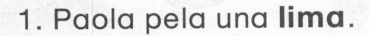

Lola sale,
sale a la loma
y pasea su mula.

Área Lógico-Matemática: Los números hasta el 5.

1   2   3   4   5

● Reconoce y escribe los cinco primeros números.

| 1 | 2 | 3 | 4 | 5 | | | | | |

tuna

tuna

La tuna es una fruta.

tina	tapa	moto	pato
tuna	topo	mata	pata
tono	tipo	meta	pita

Talía teme a la mula.

ASOCIACIÓN: Pinta del mismo color los silabemas iguales.

tu   ti   to   ta   te

ta   te   ti   to   tu

tomate　　pata　　pelota

1. Mi tía Tomasa pela **tomate**.

2. La **pata** pasea a su patito.

3. Tito patea la **pelota**.

★★★

Papá toma mate,
mamá toma tilo,
y mi tío toma té.

REFORZAMIENTO: Ejercicios fonosilábicos. Lee por columnas de arriba abajo y viceversa.

mamá	papá	nene	sapo	luna	tuna
ma	pa	ne	sa	lu	tu
me	pe	na	so	la	ta
mi	pi	no	si	li	to
mo	po	ni	su	lo	ti
mu	pu	nu	se	le	te

Descubre palabras combinando sílabas.

dado

dado

¿Es tu **dado**?

   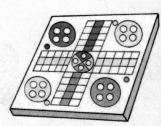

dedo	seda	nido	ludo
dado	soda	nada	lado
duda	sida	nudo	lodo

Dina toma toda la soda.

ASOCIACIÓN: Pinta del mismo color los silabemas iguales.

da	de	di	do	du
du	do	de	da	di

20

moneda　　　dedo　　　limonada

1. Papá me da una **moneda**.
2. La pomada sanó mi **dedo**.
3. Dalila toma una **limonada**.

★★★

—Dime, Susana,
¿se saluda así?
—Sí, Pepito,
así se saluda.

Lógico-Matemática: Los números del 1 al 10.

1	2	3	4	5
6	7	8	9	10

● Reconoce y escribe los números del 1 al 10.

1		3	4	5	6	7		9	10

aro

aro

Juego con el aro.

lira	muro	toro	pera
loro	mora	tira	paro
lora	mira	tiro	puro

aro   oro   era   ira

1. Lorena mira una **mariposa**.

2. Mi **loro** saluda a María.

3. Teresa pone la **panera**.

rosa

rosa

¡Qué bonita rosa!

risa	rata	ramo	perro
ruso	rato	remo	parra
rosa	ruta	rama	porra

 **ro**  **ra** **ri**  **re** **ru**

1. Rosita usa **ropa** de lana.
2. Ramiro repara mi **ropero**.
3. La nena mira la **torre**.

casa

casa

La casa es de cartón.

casa	cono	pico	copa
cosa	cuna	poco	capa
caso	cana	peca	cupo

Carolina me puso la cadena.

ASOCIACIÓN: Pinta del mismo color los silabemas iguales.

| ca | co | cu |
| cu | ca | co |

24

cama   Corina   camisa

1. Catalina cae de la **cama**.

2. **Corina** come poco coco.

3. Camilo se pone su **camisa**.

— ★ ★ ★ —

—¡Carola, Carola,
la casa se cae...!
—¿Se cae...?
—Sí, corre, corre.

Lógico-Matemática: Los números del 11 al 20.

11	12	13	14	15
16	17	18	19	20

● Reconoce y escribe los números del 11 al 20.

11	12		14	15	16		18	19	20

niña

niña

La niña cocina.

niño
niña
niño

uña
año
eñe

paño
peña
puño

caña
cuña
cuño

Toña riñe a la niña.

ña   ñu   ñe   ñi   ño

ñe   ñi   ño   ña   ñu

araña   muñeca   leña

1. La señora teme a la **araña**.
2. La niña asea a su **muñeca**.
3. Toño separa la **leña** seca.

★ ★ ★

—Toñito, Toñito,
dame la muñeca.
—Sí, te la daré,
pasado mañana.

COMUNICACIÓN INTEGRAL: Crucigrama.

Observa las imágenes y completa los casilleros con las sílabas correspondientes.

bote

Vamos en el bote.

bota	bola	burro	nabo
bata	bala	barro	nube
bote	bolo	berro	sebo

Benito bota la basura.

ASOCIACIÓN: Pinta del mismo color los silabemas iguales.

bo	bi	ba	be	bu
ba	bu	be	bo	bi

28

bebé   bata   rebaño

1. Bety baña a su **bebé**.
2. Benita cose una **bata**.
3. Mi **rebaño** sube la loma.

— ★★★ —

—Dime, tía,
¿tu bebé se baña?
—Sí, mi niña,
lo baño cada día.

Lógico-Matemática: Los números del 21 al 30.

21	22	23	24	25
26	27	28	29	30

● Reconoce y escribe los números del 21 al 30.

21	22	23		25		27	28	29	30

vaca

vaca

La **vaca** nos da leche.

vela	vino	vaso	pavo
vale	vena	vara	lava
velo	viña	vida	nave

Verónica come asado de pavo.

ASOCIACIÓN: Pinta del mismo color los silabemas iguales.

va   ve   vi   vo   vu

ve   vi   va   vu   vo

nave　　　**venado**　　　**velero**

1. Vanesa visitó la **nave**.
2. Mi **venado** come avena.
3. Tu **velero** va a toda vela.

★★★

De mi viña
saco la uva;
y de la uva,
rico vino.

REFORZAMIENTO: Ejercicios fonosilábicos. Lectura por columnas de arriba abajo y viceversa.

dado	rosa	casa	niña	bote	vaca
da	ro	ca	ña	bo	va
de	ra	co	ño	ba	ve
di	ri	cu	ñi	bi	vi
do	re	ca	ñu	be	vo
du	ru	co	ñe	bu	vu

gato

El gato es juguetón.

gota	garra	soga	viga
gata	gorra	vago	lago
gasa	goma	miga	liga

Galo gana poco dinero.

ASOCIACIÓN: Pinta del mismo color los silabemas iguales.

gorra   laguna   bigote

1. Godo se puso mi **gorra**.
2. Gabina va a la **laguna**.
3. Tu amigo usa **bigote**.

La gata golosa
come golosina;
se soba la barriga
y asea su bigote.

COMUNICACIÓN INTEGRAL: Crucigrama.

Observa las imágenes y completa los casilleros con las sílabas correspondientes.

yoyó

El yoyó sube y baja.

yodo	raya	yeso	boya
yema	rayo	yate	bayo
yute	soya	yuca	mayo

Yamela navega su yate.

ASOCIACIÓN: Pinta del mismo color los silabemas iguales.

yo · yu · ye · ya · y

34

yema   desayuno   yate

1. Yolita bate la **yema**.

2. Yolima toma su **desayuno**.

3. Mi tocayo sube a su **yate**.

★★★

Yo ayudo a mamá
cada mañana,
y seré su apoyo
toda la vida.

Lógico-Matemática: Los números del 31 al 40.

31	32	33	34	35
36	37	38	39	40

● Reconoce y escribe los números del 31 al 40.

31	32	33	34		36		38	39	40

humo

humo

¡Cuidado con el humo!

hada	hilo	higo	hora
hurra	hipo	haya	haba
heno	hule	hoyo	humo

Hipólito mira la hora.

ASOCIACIÓN: Pinta del mismo color los silabemas iguales.

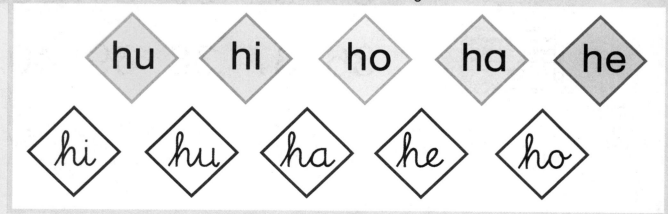

36

harina   cohete   helado

1. Homero amasa la **harina**.
2. Ese **cohete** va a la Luna.
3. Hugo saborea **helado** de higo.

★★★

—¡Hola!, amiga mía. Dime la hora.
—¡Cómo no! Pero..., mira ahí, arriba.

PERSONAL SOCIAL: Gestos.

Observa las viñetas y comenta, en grupo, los diferentes gestos de rechazo, dolor y gusto.

foto

foto

Tómame una foto.

fila	faro	foca	café
fino	fono	foco	sofá
foto	fosa	forro	café

Felipe tomó una bonita foto.

| fo | fa | fe | fu | fi |
| fa | fu | fo | fi | fe |

sofá · teléfono · farola

1. Federico cayó de mi **sofá**.
2. Fátima usa mi **teléfono**.
3. La **farola** ilumina la torre.

★★★

Mi tío fuma,
pero se fatiga;
papá no fuma
y no se fatiga.

Lógico-Matemática: Los números del 41 al 50.

41	42	43	44	45
46	47	48	49	50

● Reconoce y escribe los números del 41 al 50.

| 41 | | 43 | 44 | 45 | 46 | 47 | | 49 | 50 |

39

jarra

jarra

Dame jugo de la jarra.

joya	hoja	teja	jefe
jarro	hijo	tejo	jebe
jugo	hija	tajo	jota

(ja) (ju) (jo) (ji) (je)

1. Una **abeja** me picó la oreja.

2. Jimena dibuja una **jirafa**.

3. José sacó lana de su **oveja**.

gitana

La gitana baila.

gitano	gemela	página
gitana	gemido	mágica
gitano	gemelo	género

| gi | ge | gi | ge |

1. La gitana me regaló una **gema**.
2. Regina come **gelatina** helada.
3. Genaro vigila a su **gemelo**.

zorro

zorro

¡Mira ese zorro!

zumo	caza	buzo	lazo
zeta	mazo	raza	loza
zona	mozo	pozo	taza

 zo   zu za zi ze

1. Zarela toma una **taza** de té.
2. Tu **zapatero** tiñe mi zapato.
3. Una zorrita cayó a mi **pozo**.

cine

cine

Vamos al cine!

cerro

cima

cita

cera

cero

cine

maceta

receta

docena

bocina

vecino

tocino

 ci  **ce**  **ci**  **ce**

1. Azucena asea su **cocina**.

2. Ciro hace zumo de **cereza**.

3. La **hélice** gira rápido.

llama

llama

La **llama** me mira.

llave	gallo	sello	pollo
llaga	bulla	silla	calle
llama	valle	rollo	callo

Llanira sale a la calle.

ASOCIACIÓN : Pinta del mismo color los silabemas iguales.

| lla | llo | llu | lle | lli |
| llo | llu | lle | lli | lla |

botella   **llave**   **gallina**

1. La **botella** cayó de la silla.
2. La vecina se llevó mi **llave**.
3. Mi **gallina** picotea cebolla.

No llore, mi niño,
la Luna llegó,
mamita te arrulla:
arrorró, arrorró.

REFORZAMIENTO : Ejercicios fonosilábicos. Lectura por columnas de arriba abajo y viceversa.

gato	yoyó	humo	foto	jarra	zorro
ga	yo	hu	fo	ja	zo
go	yu	hi	fa	ju	zu
gu	ye	ho	fe	jo	za
ga	ya	ha	fu	ge	ce
go	y	he	fi	gi	ci

choza

¡Llegamos a la choza!

chivo	ficha	leche	hacha
chico	fecha	lucha	noche
chino	facha	lecho	nicho

Charito no sale de noche.

ASOCIACIÓN : Pinta del mismo color los silabemas iguales.

cho	chi	chu	che	cha
cha	che	chi	cho	chu

techo   cuchillo   lechuza

1. La muchacha sube a mi **techo**.
2. La cocinera afila su **cuchillo**.
3. La **lechuza** chilla de noche.

⭐⭐⭐

Palo palito,
palo palote;
de canalete,
de chocolate.

De chocolate,
de canalete;
palo palito,
palo palote.

LÓGICO MATEMÁTICA : Los números del 51 al 60.

51	52	53	54	55
56	57	58	59	60

● Reconoce y escribe los números del 51 al 60.

51	52		54	55	56	57	58		60

queso

queso

¡Qué rico queso!

choque	paquete	buque
cheque	pequeño	toque
chaqué	chiquilla	dique

Quico se quita la chaqueta.

ASOCIACIÓN : Pinta del mismo color los silabemas iguales.

| que | qui | que | qui |
| *qui* | *que* | *qui* | *que* |

 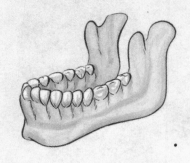 

máquina **quijada** **raqueta**

1. La **máquina** se quedó aquí.

2. Quique halló una **quijada**.

3. Paquito se llevó la **raqueta**.

★★★

—¡Coquito, Coquito, la casa se quema!

—¿Se quema?

—Sí, corre, corre.

LÓGICO MATEMÁTICA : Los números del 61 al 70.

61	62	63	64	65
66	67	68	69	70

● Reconoce y escribe los números del 61 al 70.

61	62	63		65	66	67		69	70

guitarra

guitarra

Coquito toca la guitarra.

guijarro	guiso	higuera
guitarra	guiño	hoguera
guiñada	guija	juguete

Guisela mira la higuera.

ASOCIACIÓN : Pinta del mismo color los silabemas iguales.

 gui

 gue

 gui

 gue

 *gue*

 *gui*

 *gue*

 *gui*

hoguera   águila   juguete

1. Papá apaga la **hoguera**.
2. Esa **águila** se llevó a mi conejo.
3. Guido regala su **juguete**.

★★★

Mi amiguita Gaby
se puso la gorra,
sacó su guitarra
y tocó una tonada.

REFORZAMIENTO: Ejercicios fonosilábicos. Lectura de arriba abajo y viceversa.

gitana	cine	llama	choza	queso	guerra
gi	ci	lla	cho	que	gue
ge	ce	lle	che	qui	gui
ja	za	lli	chu	ca	ga
jo	zo	llo	chi	co	go
ju	zu	llu	cha	cu	gu

asno

asno

El asno rebuzna.

isla	poste	mosca	cisne
asno	pasto	muslo	cesta
asco	pista	musgo	susto

Estela se lastimó la nariz.

ASOCIACIÓN: Pinta del mismo color los silabemas iguales.

| as | es | is | os | us |

| us | as | os | es | is |

52

casco   escalera   lápiz

1. Gustavo se puso mi **casco**.

2. La **escalera** es de madera.

3. Luzmila taja su pequeño **lápiz.**

Pepe Pérez
pesca peces
para Paco
Paz Jiménez.

Para Paco
Paz Jiménez
pesca peces
Pepe Pérez.

REFORZAMIENTO : Ejercicios fonosilábicos. Lectura por columnas de arriba abajo y viceversa.

poste	mosca	susto	lista	disco	busto
pos	mos	sus	lis	dis	bus
pes	mus	sas	les	des	bos
pis	mas	ses	los	dos	bis
pas	mes	sis	lus	dus	bes
pus	mis	sos	las	das	bas

arpa

arpa

Rosita toca el arpa.

arco	termo	cerdo	carta
arpa	torno	sordo	corte
urna	turno	zurdo	curva

Arturo firma la carta.

ASOCIACIÓN : Pinta del mismo color los silabemas iguales.

ar	ur	or	ir	er
ir	*er*	*ar*	*or*	*ur*

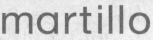

martillo gordo tortuga

1. Óscar me regaló su **martillo**.
2. Carlos es **gordo** como su papá.
3. Mi **tortuga** come yerba verde.

★★★

Mi hogar

Por allí, por allá,
a Castilla se va;
por allá, por allí
a mi verde país.

Por allá, por allí,
por allí, por allá;
a la mar por allí,
a mi hogar por allá.

Rafael Alberti.

COMUNICACIÓN INTEGRAL: Fábula «La Liebre y la Tortuga.

Escucha la fábula y relátala con la ayuda de las viñetas.

albañil

El albañil construye mi casa.

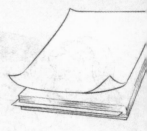

bolso	pulpo	salto	papel
balsa	polvo	selva	canal
balde	palma	silbo	hotel

Elvira olvidó su bolso.

ASOCIACIÓN : Pinta del mismo color los silabemas iguales.

al   ol   il   ul   el

il   ol   al   el   ul

dedal   Sol   caracol

1. Hilda se colocó el **dedal**.
2. El **Sol** nos da luz y calor.
3. El **caracol** huye del Sol.

★★★

La barca
Al pasar la barca
me dijo el barquero :
—La niña bonita
no paga dinero.

Y al volver la barca
me dijo al oído:
—Esta morenita
me ha gustado a mí.

LÓGICO MATEMÁTICA : Los números del 71 al 80.

| 71 | 72 | 73 | 74 | 75 |
| 76 | 77 | 78 | 79 | 80 |

● Reconoce y escribe los números del 71 al 80.

| 71 | 72 | | 74 | 75 | 76 | 77 | 78 | | 80 |
| | | | | | | | | | |

antena

antena

La antena es del televisor.

monte	tumba	botón	pinza
manto	tumbo	betún	panza
mente	tambo	botín	punto

Anselmo sube a la montaña.

ASOCIACIÓN: Pinta del mismo color los silabemas iguales.

an   in   on   en   un

un   on   en   an   in

campana   **ventana**   **embudo**

1. La **campana** repica al amanecer.

2. Enrique saltó por la **ventana**.

3. El líquido pasó por el **embudo**.

★ ★ ★

El cocherito

El cocherito
me dijo anoche
que si quería
salir en coche.

Yo le contesto,
que no podía;
porque mi tía
se enojaría.

REFORZAMIENTO VERBAL: Lee las palabras de cada grupo y marca la que no corresponde.

☆ jilguero	☆ manzana	☆ papel
☆ ardilla	☆ rosa	☆ lápiz
☆ martillo	☆ naranja	☆ borrador
☆ mosquito	☆ durazno	☆ campana
☆ caracol	☆ melón	☆ tajador

koala

koala

El **koala** vive en el bosque.

póker

kurdo

kínder

kantuta

kimono

kilate

kilo

kaki

kiwi

ko	ki	ka	ke	ku

1. Katy organizó la **kermés** del año.

2. Karina usa **kimono** de seda.

3. Kico se puso mi **kepis** verde.

actor

actor

¡Qué buen actor es Coquito!

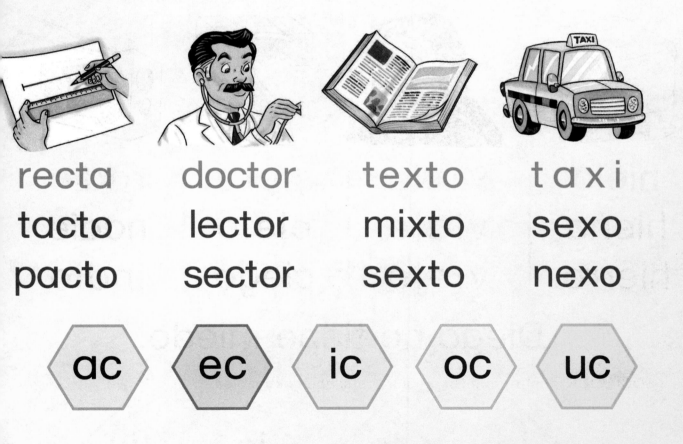

recta	doctor	texto	t a x i
tacto	lector	mixto	sexo
pacto	sector	sexto	nexo

ac ec ic oc uc

1. El **cactus** lleva muchas espinas.
2. El mosquito es un **insecto**.
3. El doctor usa **reloj** de pulsera.

piano

piano

Los niños tocan el piano.

hielo	viuda	siete	radio
hiena	viaje	cielo	nadie
hierro	viejo	ciego	indio

Diego no tiene miedo.

ASOCIACIÓN: Pinta del mismo color los silabemas iguales.

ia ie io iu

ia iu ie io

viejo   canario   pie

1. El **viejo** tiene bigotes largos.
2. El **canario** come alpiste.
3. Sonia se luxó el **pie** derecho.

★★★

Pajarito chino

¡Pajarito chino
de color añil!
Canta que mi niño
no quiere dormir.

¡Pajarito chino
de color azul!
Calla que mi niño
ya se me durmió.

Juana de Ibarbourou.

REFORZAMIENTO: Lee por columnas de arriba abajo y viceversa.

pasto	barco	talco	santo	himno	lector
pas	bar	tal	san	him	lec
pes	bur	tol	sin	hem	lac
pis	bor	til	son	hom	lic
pos	bir	tul	sen	hum	loc
pus	ber	tel	sun	ham	luc

hueso

¡Qué rico hueso!

  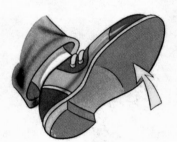 

huevo	rueda	suela	cueva
hueco	ruido	suelo	cuello
huella	ruedo	sueño	cuota

Luisa no juega con fuego.

ASOCIACIÓN: Pinta del mismo color los silabemas iguales.

(**ue**)   (**ua**)   (**ui**)   (**uo**)

(ue)   (ui)   (uo)   (ua)

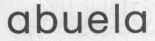

abuela   cigüeña   iguana

1. Mi **abuela** me contó su sueño.
2. La **cigüeña** vuela a su nido.
3. La **iguana** puso un huevo.

⭐ ⭐ ⭐

En el carruaje

La niña rubia,
con su abuelito,
se va de viaje
en el carruaje.

A paso suave,
la yegua avanza.
—Niña risueña
ve con cuidado.

COMUNICACIÒN INTEGRAL : Fábula «La Zorra y la Cigüeña».

Escucha el relato de la fábula y coméntala.(Fábulas de la Fontaine - Ediciones Coquito)

auto

auto

Mi auto corre veloz.

sauce	baile	reina	jaula
pausa	vaina	reino	deuda
pauta	boina	peine	naipe

Paulina baila muy bonito.

ASOCIACIÓN: Pinta del mismo color los silabemas iguales.

 **au**   **eu**   **ai**   **ei**   **oi**

 au   oi   ei   eu   ai

paila   rey   peine

1. La **paila** es una vasija de metal.

2. El **rey** baila con la reina.

3. Paula perdió su **peine** rojo.

★★★

El columpio

Yo tengo un columpio
de suave vaivén,
y en él muy contenta
me vengo a mecer.

¡Qué suave columpio!
¡Qué dulce vaivén!
¡Muchachos! ¿no quieren
conmigo jugar?

LÓGICO MATEMÁTICA : Los números del 81 al 90.

81	82	83	84	85
86	87	88	89	90

● Reconoce y escribe los números del 81 al 90.

81		83	84	85	86	87		89	90

platillo

platillo

¡Mira un platillo volador!

plegado	plomada	pluma
platero	plazuela	plomo
planeta	plegaria	plaza

Plácido viene de la playa.

ASOCIACIÓN : Pinta del mismo color los silabemas iguales.

| pla | ple | pli | plo | plu |
| pli | plo | pla | plu | ple |

68

placa   plátano   platos

1. El alcalde develó la **placa**.

2. Plinio pela un **plátano** maduro.

3. Plutarco lava los **platos**.

★ ★ ★

El canario
Tengo un canario
que es un tesoro,
su pico es nácar,
sus plumas, oro.

A mis llamados
no se resiste,
le doy lechuga,
le pongo alpiste.

Teodoro Palacios.

CIENCIA Y AMBIENTE : Nombre las estaciones del año.

Reconoce la estación del año en que vamos a la playa y comenta sobre las actividades que realizas en ella.

clase

clase

Me gusta mi clase.

clavo	recluta	clavel
clara	reclamo	clarín
clase	esclavo	clima

Clotilde corta un clavel rojo.

ASOCIACIÓN : Pinta del mismo color los silabemas iguales.

cla	cle	cli	clu	clo
cle	*clu*	*cla*	*clo*	*cli*

ancla   bicicleta   clarín

1. El barco echó el **ancla** en la bahía.
2. Clara maneja su **bicicleta** nueva.
3. Clemente toca **clarín** y clarinete.

⭐⭐⭐

Las campanas

Las claras campanas,
en claras mañanas,
su clara voz dan:
Tintán y tintán.

Por plazas y calles,
por lomas y valles,
llamándonos van :
Tintán y tintán.

Germán Berdiales.

COMUNICACIÓN INTEGRAL : Producción de textos.

Construye oraciones contestando a las preguntas ¿dónde están?, ¿qué dicen? y ¿qué hacen?, escríbelas en tu cuaderno.

globo

globo

Coquito infla un globo.

siglo	glorieta	iglú
gloria	gladiolo	regla
glúteo	glóbulo	jungla

glo	gle	glu	gla	gli

1. Mi tío Glicerio es un **glotón**.
2. Gloria va a la **iglesia** a orar.
3. Gladis usa la **regla** de su hermana.

bloque

¡Qué bloque tan alto!

pueblo
mueble
niebla

tablero
tableta
tablado

roble
tabla
cable

| blo | blu | bla | ble | bli |

1. Pablito me vendió una **blusa**.

2. El **sable** de Bladimiro es nuevo.

3. Esta **tabla** es madera de roble.

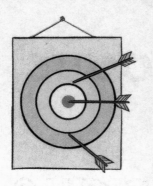

flecha

flecha

La flecha dió en el blanco.

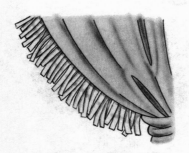

flecos
flama
flecha

flaco
flota
flete

flores
florido
florero

Florencia sale de la florería.

ASOCIACIÓN : Pinta del mismo color los silabemas iguales.

 fle
 flo
 flu
 fla
 fli

 fla
 fle
 fli
 flo
 flu

rifle   florero   flecha

1. Flavio vendió el **rifle** del abuelo.
2. El **florero** nuevo está sin flores.
3. La **flecha** rompió el tablero.

★★★

Flores para ti

Las flores más bellas
que en el campo vi,
las corté, mamita,
todas para ti.

Estas flores tienen,
de perfumes, mil
y todo mi anhelo
que seas feliz.   Anónimo.

REFORZAMIENTO : Lee por columnas de arriba abajo y viceversa.

plato	**clavo**	**globo**	**bloque**	**flecha**	**atleta**
pla	cla	glo	blo	fle	tle
ple	cle	gla	blu	flo	tla
pli	clo	gle	bla	flu	tli
plo	cli	gli	ble	fla	tlu
plu	clu	glu	bli	fli	tlo

prado

prado

Los niños contemplan el prado.

precio	primero	profesor
prisa	prefecto	prudente
preso	promesa	pretexto

Primo recibió una sorpresa.

ASOCIACIÓN : Pinta del mismo color los silabemas iguales.

| pra | pri | pre | pru | pro |
| *pre* | *pru* | *pro* | *pri* | *pra* |

76

preso   premio   represa

1. El **preso** usa uniforme a rayas.
2. Sixto ganó el primer **premio**.
3. El profesor visitó la **represa**.

⎯ ★★★ ⎯

La primavera

La bella primavera
de verde se vistió;
florecen los rosales,
el lirio y el jazmín.

¡Al tiro, liro, liro!
¡Al tiro, liro la!
Cantemos y bailemos
que a prisa el día va.

LÓGICO MATEMÁTICA : Los números del 91 al 100.

91	92	93	94	95
96	97	98	99	100

● Reconoce y escribe los números del 91 al 100.

91	92	93	94		96	97	98		100

grúa

grúa

La grúa levanta carga.

granada	cangrejo	peligro
granero	congreso	vinagre
granizo	progreso	milagro

Greta es una niña alegre.

ASOCIACIÓN : Pinta del mismo color los silabemas iguales.

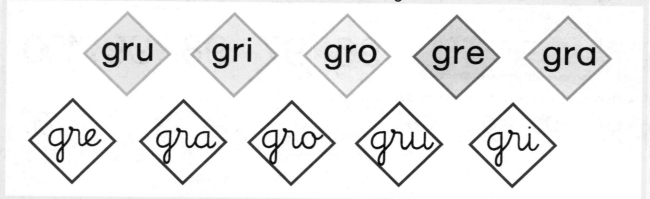

gru gri gro gre gra

gre *gra* *gro* *gru* *gri*

tigre   gradas   grillos

1. El **tigre** se salvó de milagro.
2. Graciela sube las **gradas** despacio.
3. El granero está plagado de **grillos**.

★★★

El grillito
¡ Gri...gri...gro !
Canta un grillito.
¡ Gri...gri...gra... !
¿Dónde estará?

¡ Gri...gri...gro !
es un grillito
chiquito y negrito,
bonito y gritón.

PERSONAL - SOCIAL: Situaciones peligrosas.

Reconoce algunas acciones que ponen en peligro tu integridad física
y toma las medidas de prevención necesarias.

broma

broma

Tu broma me asusta.

brocha	abrazo	hombre
brecha	abrigo	hambre
broche	obrero	hombro

Brígida abraza a su sobrina.

ASOCIACIÓN : Pinta del mismo color los silabemas iguales.

| bro | bri | bre | bru | bra |

| bre | bra | bru | bro | bri |

80

brazo libro cabrito

1. Bruno se lastimó el **brazo** derecho.
2. El **libro** Coquito es mi tesoro.
3. Un **cabrito** se quedó en el pesebre.

★★★

Marcelino

Marcelino,
fue por vino,
quebró el vaso
en el camino.

Pobre vaso,
pobre vino,
pobre, pobre,
Marcelino.

PERSONAL SOCIAL: Valores.

Observa las viñetas y ubica los valores: solidaridad y generosidad.

dragón

dragón

El dragón **asusta a los niños.**

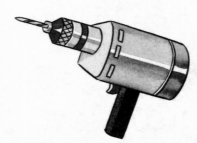

madre | taladro | ladrillo
padre | cilindro | padrino
cedro | alondra | madrina

dra · dre · dri · dro · dru

1. Mi madre pintó un hermoso **cuadro**.
2. Llegó la primera **golondrina**.
3. Una **piedra** le cayó al padrino.

fruta

fruta

¡Qué rica es la fruta!

fresa	fragata	cofre
frase	franela	cifra
frijol	frenillo	zafra

fru · fra · fre · fri · fro

1. Frida prepara mermelada de **fresas**.

2. Alfredo presiona el **freno** del carro.

3. La **fritura** estuvo muy sabrosa.

triciclo

triciclo

Me gusta manejar el triciclo.

trece
trazo
trozo

estrella
estrado
estreno

trucha
trecho
trocha

Trinidad quiere ser astronauta.

ASOCIACIÓN: Pinta del mismo color los silabemas iguales.

tri	tru	tra	tre	tro
tro	tre	tru	tri	tra

trigo   litro   sastre

1. Las aves se comieron el **trigo**.
2. Trino compró un **litro** de leche.
3. El **sastre** cortó un metro de tela.

⭐⭐⭐

Los dos cerditos

Por la calle abajo
triqui, triqui, tri,
van dos cerditos
triqui, triqui, tro.

Llevan pantalones
lirón, lirón, lirón;
son dos galanes
triqui, triqui, tro.

COMUNICACIÓN INTEGRAL: Crucigrama.

Observa las imágenes y completa los casilleros con las sílabas correspondientes.

recreo

recreo

En el recreo jugamos contentos.

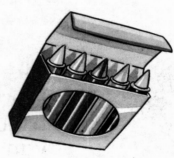

crema	crayones	cráter
cromo	crédito	credo
crisis	crónica	crudo

Crisanto me contó un secreto.

cre cra cro cri cru

cra cri cre cru cro

cromos   cráneo   microbús

1. Los niños coleccionan **cromos**.
2. Mis primos encontraron un **cráneo**.
3. Lucrecia baja del **microbús**.

El sapo y el sapito

Croa el sapo,
croa, croa, croa,
croa con su cría
cría, cría, cría.

Sapo y sapito,
saltan todo el día.
Croa, cría, croa, cría,
el sapo con su cría.

REFORZAMIENTO: Ejercicios fonosilábicos. Lectura por columnas de arriba abajo y viceversa.

grúa	brocha	dragón	trucha	fruta	cráneo
gru	bro	dra	tru	fru	cra
gri	bri	dre	tri	fre	cre
gro	bre	dri	tra	fri	cri
gre	bru	dro	tre	fra	cro
gra	bra	dru	tro	fro	cru

tren

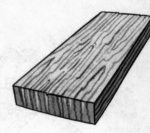

El **tren** corre sobre rieles.

tres	trompo	planta	tablón
tren	trompa	blanco	temblor
cruz	trampa	claxon	renglón

Francisco lee la prensa.

Lectura de monosílabos.

plan	flan	flor	clan	club
tren	tres	cruz	crin	gris
bloc	clip	frac	dril	

Lee y pinta de rosado o amarillo, los recuadros de las palabras que comprendes.

tractor   frasco   plancha

1. Blas compró un **tractor** francés.
2. El **frasco** es de cristal transparente.
3. Un ladrón robó mi **plancha** nueva.

Trabalenguas

Tres veces, Patricia dijo:
En un plato de trigo
tres tristes tigres
comieron trigo.

Y tres hombres miraban
a otros tres tigres,
que tristes tragaban
tres trozos de grasa.

Producción de textos audiovisuales.

Describe las escenas y produce un texto audiovisual, escríbelo en el globo.

puente

puente

Este puente es de piedras.

puerta	viento	nuez	lección
puerto	pierna	juez	nación
cuarto	vianda	buey	pasión

Luis vigila la construcción.

Lectura de monosílabos.

miel	piel	riel	fiel	hiel
bien	cien	diez	pies	dios
nuez	juez	pues	buey

Lee y pinta de rosado o amarillo, los recuadros de las palabras que comprendes.

avión   paraguas   buey

1. El **avión** aterrizó en el aeropuerto.
2. El **paraguas** se usa cuando llueve.
3. La fuerza del **buey** mueve el arado.

★★★

El aseo

Cepilla tus dientes
después de comer
y muy relucientes
se van a poner.

Cuida bien tus dientes
y así lucirás,
una gran sonrisa
de felicidad.

La lluvia.

Describe las escenas y comenta, en grupo, sobre la importancia de la lluvia.

¡ Ya sé leer !

¡Ay, qué gusto,
qué alegría;
ahora sí
ya sé leer!

Con mi libro
todo el día
no me canso
de estudiar.

Ese tiempo
tan cortito
lo he sabido
aprovechar.

La maestra
y mi COQUITO
me enseñaron
a leer.

Cantar con la música de : La vuelta a la escuela.

Los cinco burros

Don Tomás compró cuatro burros. Montó en uno y volvió a su casa.

Por el camino los contó : uno, dos y tres. No contaba el que montaba.

Ya en su casa dijo a su mujer :
—Mira, he comprado cuatro burros y traigo sólo tres. Me han robado uno.

—¡Qué raro! —Dijo la mujer.
Tu no ves más que tres, pero yo veo cinco.

El durazno vivo

Ruth María, una niñita de cinco años, come con sus hermanitos.

Se sirve de postre grandes duraznos en conserva.

Ruth quiere cortar el suyo, pero el durazno da un salto y sale del plato.

¡Mamá! —grita la niña—, ¡el durazno está vivo!

José y Jorge se ríen de la ocurrencia de su hermanita.

Acciones sugeridas :
—¿Qué personajes intervienen en la lectura?   —¿Por qué salta el durazno?   —¿Por qué se ríen de Ruth?

La lección

La nena en su libro
le gusta aprender
y quiere que el perro
aprenda a leer.

El libro en la mano
y el perro en el brazo,
repasa y repasa
y el perro, ni caso.

¡Atiende, perrito
si quieres leer!
¿No ves que te enseño
por tu propio bien?

Anónimo.

Acciones sugeridas :
- Memoriza la poesía y recítala en clase.   - ¿Por qué el perrito no puede aprender a leer?

Por egoístas

Dos gatitos cazaban ratones.

El más listo tomó uno y, cuando
se disponía a comerlo, el otro le dijo :

—¡Espera!, yo también quiero
participar en tu cena.

—Yo lo tomé y es mío.
¡Que sí, que no! Discutieron largo rato.

Entre tanto, el ratón escapó...

Acciones sugeridas :
—¿ Por qué no debemos hacer daño a los animales?   —Aprende una canción alusiva al tema.

Trabalenguas

Tipi, tape, tipi, tape,
tipitape, tipitón ;
tipitape, zapa, zapa,
zapatero remendón.

Pedro Pérez Peña,
pintor preciso,
pinta puertas
por poco precio.

En el agua clara

En el agua clara
que brota en la fuente,
un lindo pescado
sale de repente.

—Lindo pescadito,
¿no quieres venir
a jugar con mi aro?
¡Vamos al jardín!

—Yo vivo en el agua,
no puedo salir.
Mi madre me ha dicho:
«No salgas de aquí».

Gabilondo Soler - México

97

A mi mamá

Mamita preciosa,
mi dulce embeleso,
deja que en tu cara
deposite un beso.

Deja que me ponga
sobre tu regazo,
deja que te estreche
en un tierno abrazo.

Quiero que me tengas
cerquita de ti.
Sin tu fiel amparo,
¿qué fuera de mí?

Te quiero, mamita;
te quiero,te quiero,
con cariño hondo,
con amor sincero.

Anónimo.

Por favor

—Mamá, dame agua —dice Coquito. Pero ella hace como que no lo oye.

—¡Mamá, tengo sed; dame agua! —grita más fuerte el niño.

¿Por qué mi mamá no me oye? —piensa Coquito.

—¡Mamá!... ¡Te estoy pidiendo agua! —grita.

—Por favor, Coquito, no chilles —contesta, por fin, su mamá.

—Por favor, mamá, dame agua —dice Coquito, comprendiendo la lección.

Ahora sí, mamá lleva el agua a su hijo con voluntad y cariño.

ACCIONES SUGERIDAS :
—¿Por qué la mamá no atendía a Coquito?   —¿Qué significado tiene la frase : Por favor...?

Mis sentidos

Tengo dos orejas
como cucuruchos.
Todo lo que digas
con ellas escucho.

Y una montañita
llamada nariz,
para oler las flores
y decir ¡Achíííís!

Tengo dos perlitas
grandes y brillosas;
son dos ventanitas
para ver las cosas.

Tengo entre mis dientes
un trompo rosado
con el que se siente
gusto a los helados.

Y, por si todo esto
te resulta poco,
tengo dos manitas
con que todo toco.

Anónimo.

Seguridad vial

1° Camina por la vereda y no por la calle.

2° No juegues en la calle.

3° No arrojes papeles ni cáscaras, al suelo.

4° Cruza por los pasos para peatones.

5° Cede la acera a los ancianos.

6° Antes de cruzar la calle, mira a la derecha e izquierda.

7° Espera si ves que se acerca un carro.

8° Ayuda a los ancianos a cruzar la calle.

ACCIONES SUGERIDAS :
-Comenta sobre los peligros del tránsito.   -¿Por qué no se debe jugar en la calle?

El medio ambiente

Desde la ventana de su casa, Coquito y Rosita contemplan la calle.

Un montículo de basura les llama la atención.

Es un hervidero de moscas. ¡Qué asco!

Los carros transitan a diario echando humo. ¡Qué horrible!

—Esto es insoportable —dice Coquito—. Nos están envenenando.

Hay que hacer algo —comenta su hermanita—. Este ambiente debe mejorar.

Las partes del cuerpo

Mi cuerpecito
que poco mide,
en varias partes
él se divide.

Cabeza, tronco
y extremidades,
las digo todas,
mas no te enfades.

Al tronco unidos
están los brazos
y las dos piernas
con que doy pasos.

Pero en los brazos
tengo las manos;
en las dos piernas,
los pies llevamos.

Todas las partes
que oyendo vas,
el cuerpo tiene,
no digas más.

Lucila García Jaramillo.

cabeza

extremidades superiores

tronco

extremidades inferiores

ACCIONES SUGERIDAS :
1. ¿En cuántas partes se divide el cuerpo humano?
2. ¿Cómo van unidas al tronco?
3. ¿Qué debemos hacer para que nuestro cuerpo esté sano?

El pastor mentiroso

Érase un pastor mentiroso que le gastaba bromas a los campesinos. Un día comenzó a gritar :

—¡Socorro! ¡Socorro! Que viene el lobo.

Los campesinos acudieron armados de palos, pero no hubo tal lobo. La broma se repitió una y otra vez.

Una mañana llegó de verdad el lobo. El mentiroso gritaba : —¡Socorro! ¡Socorro! Que viene el lobo.

Nadie le hizo caso. El lobo se comió a sus ovejas. Merecido castigo para un mentiroso.

En boca del mentiroso, lo cierto se hace dudoso.

COMPRENSIÓN DE LA LECTURA :   1 y 2. Marca la respuesta correcta   3. Contesta la pregunta.

1. El pastor era :   bueno   mentiroso   veraz

2. ¿Quienes ayudaron al pastor? :   los campesinos   las ovejas   los perros

3. ¿Qué gritaba el pastor? : Escribe la respuesta.

_____

_____

Voces de los animales

Los animales
no hablan
como el hombre.

Ellos se comunican
mediante sonidos
propios. Así :

El gato maúlla,
la paloma, arrulla;
y el lobo, aúlla.

La oveja, bala ;
y la abeja, zumba.

El león, ruge ;
y la vaca, muge.

El gallo, canta ;
y el pato, parpa.

El perro, ladra ;
y la gallina, cacarea.

El caballo, relincha ;
y el burro, rebuzna.

Los alimentos

Las cosas que comemos se llaman alimentos y son :

—De origen animal, como la carne y los huevos.

—De origen vegetal, como el pan y las frutas.

—De origen mineral, como el agua y la sal.

Los alimentos nos hacen crecer y nos conservan sanos.

Los alimentos deben masticarse bien y comerlos en forma moderada.

ACCIONES SUGERIDAS :
- Nombra cinco alimentos de origen animal y vegetal. - Indica ¿por qué son importantes los alimentos?

Ya sé contar

1	2	3	4	5	6	7	8	9	10
11	12	13	14	15	16	17	18	19	20
21	22	23	24	25	26	27	28	29	30
31	32	33	34	35	36	37	38	39	40
41	42	43	44	45	46	47	48	49	50
51	52	53	54	55	56	57	58	59	60
61	62	63	64	65	66	67	68	69	70
71	72	73	74	75	76	77	78	79	80
81	82	83	84	85	86	87	88	89	90
91	92	93	94	95	96	97	98	99	100

10	20	30	40	50	60	70	80	90	100

Banderita mía

Aunque soy todavía
niño pequeño,
Bandera de mi Patria
contigo sueño.

Sueño que un día
seré tu abanderado,
Bandera mía.

En mi sueño glorioso,
tu paño beso
y siento en el hombro
tu dulce peso.

Bandera amada,
en mi sueño de niño,
vas reclinada.

- Pinta los colores de tu bandera.

Germán Berdiales.

- Reconoce tu bandera y coloca un aspa debajo de ella.

Argentina

Bolivia

Brasil

Colombia

Costa Rica

Chile

Cuba

Ecuador

España

Puerto Rico

EE.UU.

El Salvador

Guatemala

Honduras

México

Nicaragua

Panamá

Paraguay

Perú

Rep. Dominicana

Uruguay

Venezuela

Adivina, adivinador...

Tiene las orejas largas,
tiene cola pequeña,
en los corrales se cría
y en el monte tiene cuevas.

Mi madre es tartamuda,
mi padre es cantador,
tengo blanco mi vestido,
amarillo el corazón.

¡Arre, caballito!

¡Arre, caballito!
¡Vamos a Cancún!
que mañana es fiesta,
pasado también.

¡Arre, caballito!
¡Vamos a Cancún!
a ver a mis tíos
y primos también.

¡Arre, caballito!
¡Vamos a Cancún!
corre y llegaremos
en un santiamén.

Ahora que has terminado Coquito puedes leer:
«Luisito y Lucía» y luego «Fábulas de Esopo Coquito 1 al 6.

... ya sé leer

DIPLOMA DE HONOR

Otorgado a : _____

por haber aprendido a leer, escribir y pensar bien con Coquito, ingresando así al maravilloso mundo del saber. **¡Felicitaciones!**

_____
Director(a)

_____
Profesor(a)

_____
Ciudad

_____
Fecha